新刻山海經

附 新刻山海經圖

一

中國書店藏珍貴古籍叢刊

明·胡文煥 校刻

新刻山海經

附 新刻山海經圖

中國書店

據中國書店藏明萬曆胡文煥校刻本影印原書版框高十九點四厘米寬十三點七厘米

出版説明

中國書店自一九五二年成立起，一直致力于古舊文獻的收購、整理、保護和流通工作，于年復一年的經營中，發掘、搶救了大量珍貴古籍文獻。在滿足圖書館、博物館、研究所等相關單位及讀者購書需求的同時，中國書店還保存了一定數量的古籍文獻，其中不少具有極高的學術價值和文物價值，但傳本稀少，甚至別無復本。有鑒于此，中國書店對這些古籍善本進行了科學、系統的整理，以編輯《中國書店藏珍貴古籍叢刊》的形式影印出版，使孤本、善本化身千百，發揮更大的作用。本輯所選爲：

《新刻山海經》十八卷，《圖》二卷，明胡文煥校刻。

胡文煥，字德甫，號全庵、抱琴居士，浙江錢塘人，明代戲曲文學家、編輯出版家。胡氏著述、刻書甚多，他所編輯、刊刻的《格致叢書》，子目有數百種之多，且大多爲秘冊珍函。此《山海經》即爲叢書中的一種，分爲《新刻山海經》十八卷、《新刻山海經圖》二卷。從書中幾篇序跋中得知，胡氏《山海經圖》刻于明萬歷二十一年（一五九三）是目前所能見到時代最早、刻圖最多的版本，對後世影響很大。

胡文煥所刻《山海經圖》採用圖、說并舉的敘事方式，其編排格局與其他《山海經》圖本不同。此書獨立一冊，分上下兩卷，採用右圖左說，一神一圖的格局。上卷收胡文煥撰《山海經圖序》，仁和莊汝敬撰《山海經圖序》。正文有圖六十七幅，附圖說，下卷有圖六十六幅，附圖說。卷末有季光盛《跋山海經圖》。十分重視，對它的學術價值給予很高的評價。

著名學者、版畫史研究先驅鄭振鐸對此胡文煥刻《山海經圖》十分重視，對它的學術價值給予很高的評價。他在該書前面的按語中說：『此《格致叢書》本也，却不多見……胥是模糊影響，向壁虛造之談，頗富想象之力，亦多創作之藝論，美術史者固應收之也。』

在流傳過程中，由于大多數藏書家僅重視《新刻山海經》，而忽視《新刻山海經圖》的價值，往往造成《新刻山海經》與《新刻山海經圖》分離的結果，完璧極罕。

中國書店所藏《新刻山海經》、《新刻山海經圖》即爲明胡文煥校刻本。是書半頁十行，行二十字，白口，左右雙邊，文字與版畫均保存良好。

現將本書收入《中國書店藏珍貴古籍叢刊》中影印出版，以滿足專家、學者及廣大傳統文化愛好者的需求，推動古籍文獻整理與相關學術研究。

中國書店出版社

癸巳年夏月

山海經圖序

錢唐胡文煥德甫撰

山海經迺晋郭璞所著摘之為圖未詳其人若校集而增補之重繪而剞劂之則予也余唯郭璞實為異人所窮者遠故其所見者博所見者博故其所著者異苟非窮遠見博之士非唯不足以識此而亦且目此為誕矣夫有陽必有陰有常必有變有中國必有夷狄有異人必有異物此蓋理之自然烏得目為誕哉不然舜之鳳儀魯之獲麟河出圖洛出書舉誕而不足信矣噫膠柱鼓瑟守株待兔寧不有害理乎識者謂是書八荒盡歸

于一帙山海不越于門庭出則可為
窮遠之助處則可為博見之資矧
皇輿一統萬國來庭江湖廊廟士所當
必識哉故是書也尚之為羽翼禹貢
可矣宜陶潛讀而樂焉

山海經圖序

余性僻頗嗜奇厥恠異之事每譚及之輙為忘倦試語及今人士今人士亦鮮不樂聚以譚以斯知故常濫聽艷異爽心世一病也故山海一圖中多句深索遠出耳目覩記之外未敢深信及取羸蟲一書並觀然後知窮陬僻壤之外千

態萬狀難以形貌拘之夫羸蟲集內多職貢國載在廣輿圖等書者可考則其書非無據審矣矧高而為山浚而為海處既深廣生物必繁生物繁則其形必不一而足故其間若神形若恠象若似人而獸若似獸而人又何足駭愕哉然則此圖固可識天地之大造物者之無

盡藏亦未必非士君子搜奇博遠之一助也或者曰此怪書也夫山海圖而係之經經常也是亦廣生並載之常也怪果云乎哉

時

萬曆癸巳春月仁和莊汝敬脩甫撰

新刻山海經圖卷上

錢唐胡文煥德甫校

目録

猙　當庚　羬羊　毫猪

蠱雕　青熊　嬰蠪　鳥鼠同穴

角獸　辣　飛鼠　龍馬

驒馬　彘　獬豸　應龍

旄馬　巴蛇　蚌魚　長蛇

二頭蛇　山渾

目録畢　上卷廾　共上下卷圖樣數冊

俞兒

畢耳之水有俞兒者登山之神也長尺餘而人物具焉冠黃冠衣朱服好走馬齊桓公時曾見管子曰有霸王之君俞則見矣

白澤

東望山有澤獸者一名曰白澤能言語王者有德明照幽遠則至昔黄帝巡狩至東海此獸有言為時除害

比目魚

古目魚

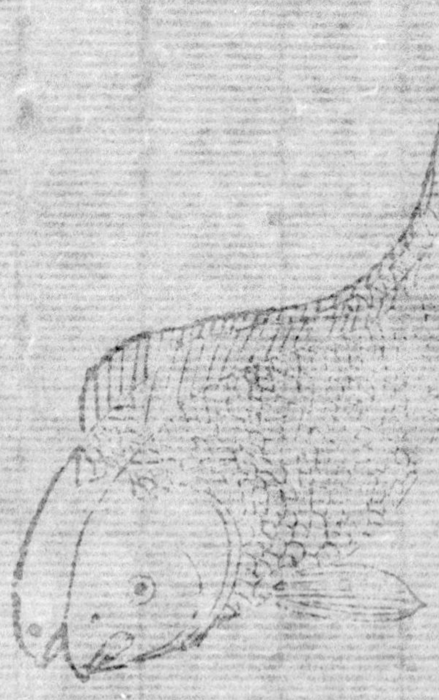

東望山有澤獸者一名曰白澤能言語
王者[illegible][illegible]德明照幽遠則至昔黃帝巡狩
至東海此獸有言為時除害

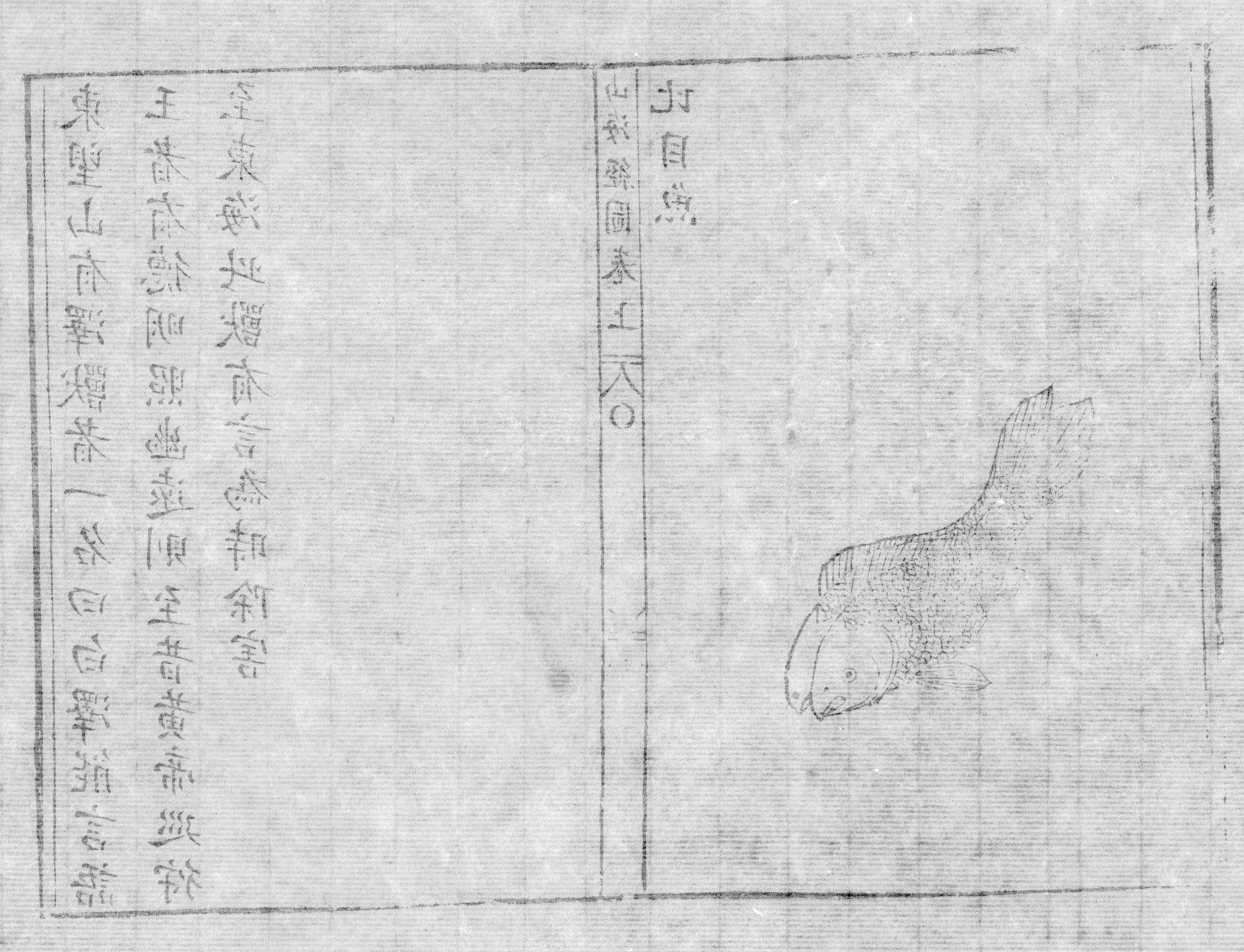

東海有鰈音搭魚者即比目魚也不比不行古之王者將行封禪東海進貢此魚郭璞云狀似牛脾鱗細紫黑色一眼兩片相合方能行江東人又呼為王餘魚

狡犬

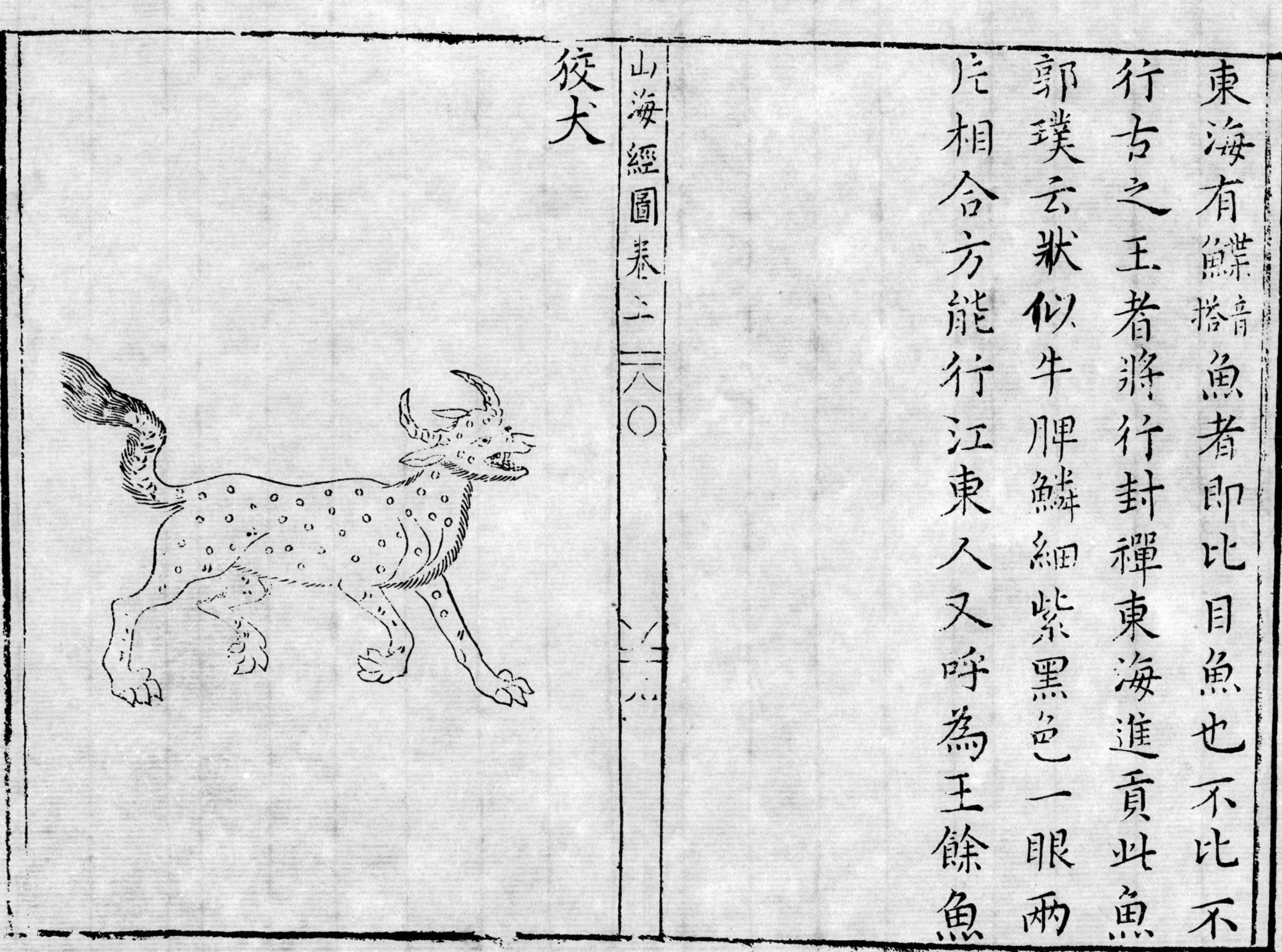

玉山有獸名曰狡犬狀而豹文牛角而大聲巨口黑身見則天下大穰韓子云穰歲之稔也

窮奇

邽山音圭有獸狀如牛騾尾蝟毛音如嘷狗鬬乃助不直者名曰窮奇亦能食人

青耕

重棗山有鳥狀如鵲白喙白首白尾名曰青耕可以禦疫其鳴自呼

人魚

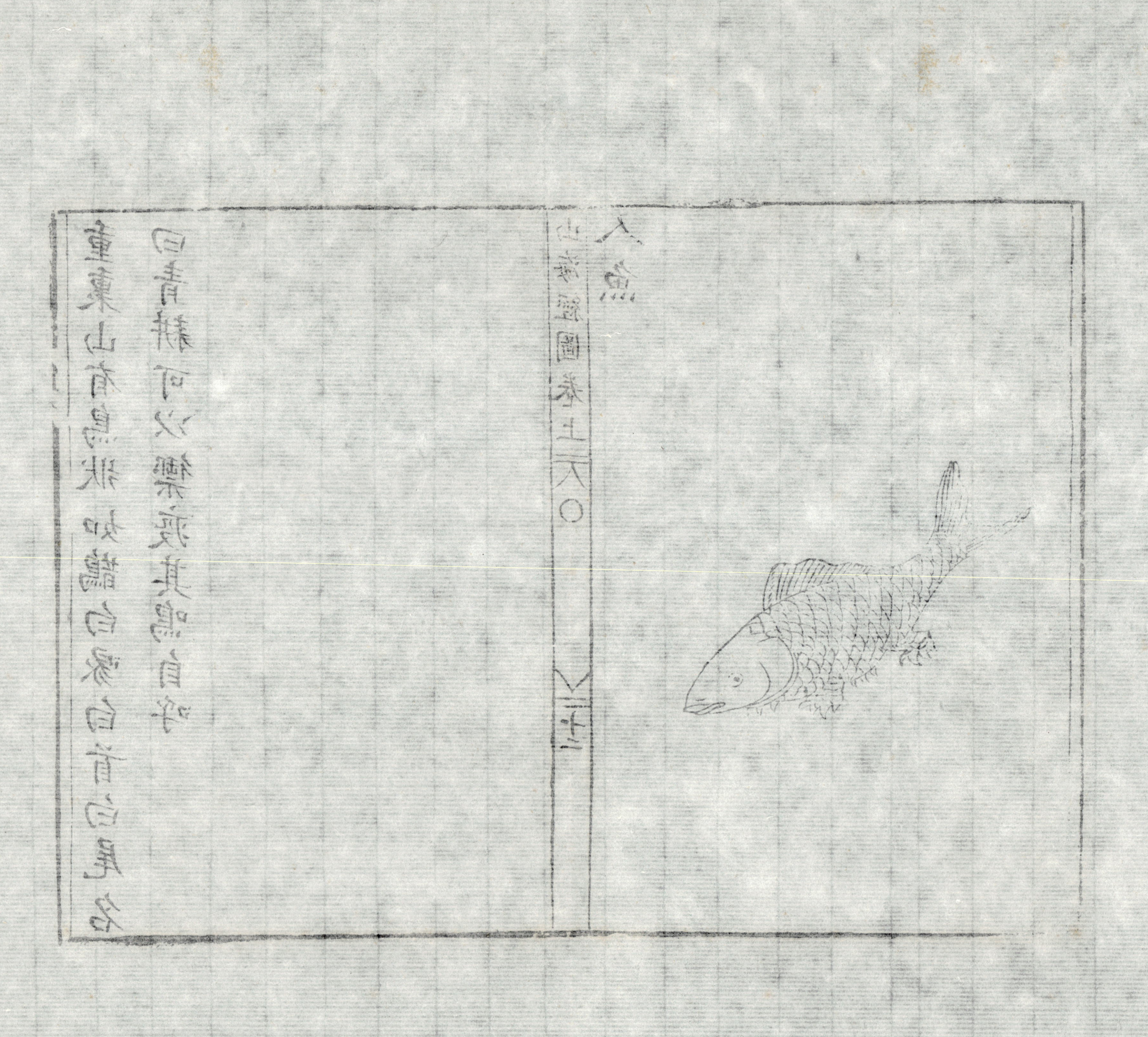

龍侯山王決之水出焉東注于河中多人魚狀如䱱而四足聲如小兒啼食之療瘦疾

貘

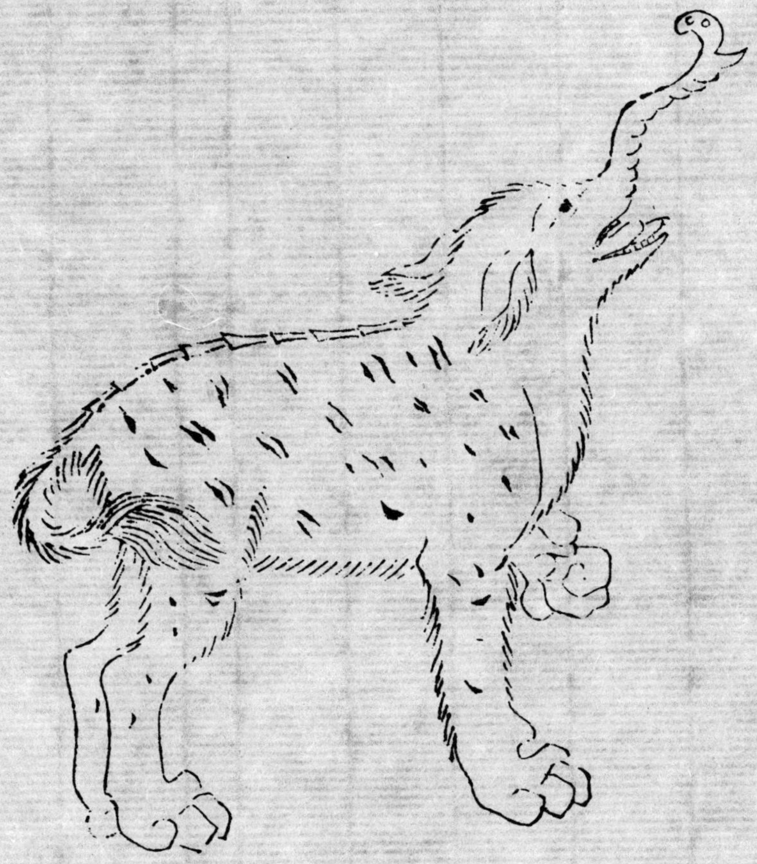

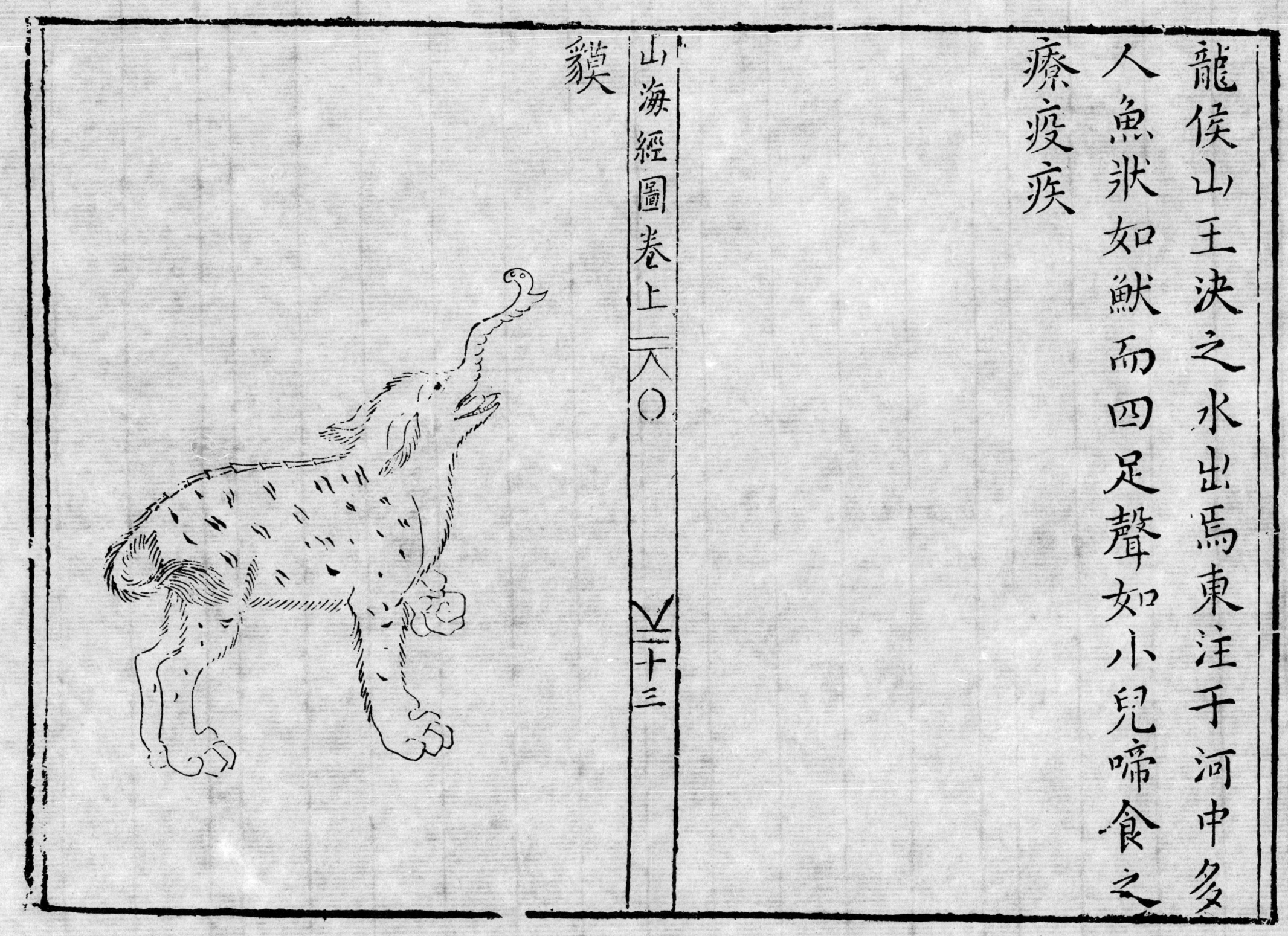

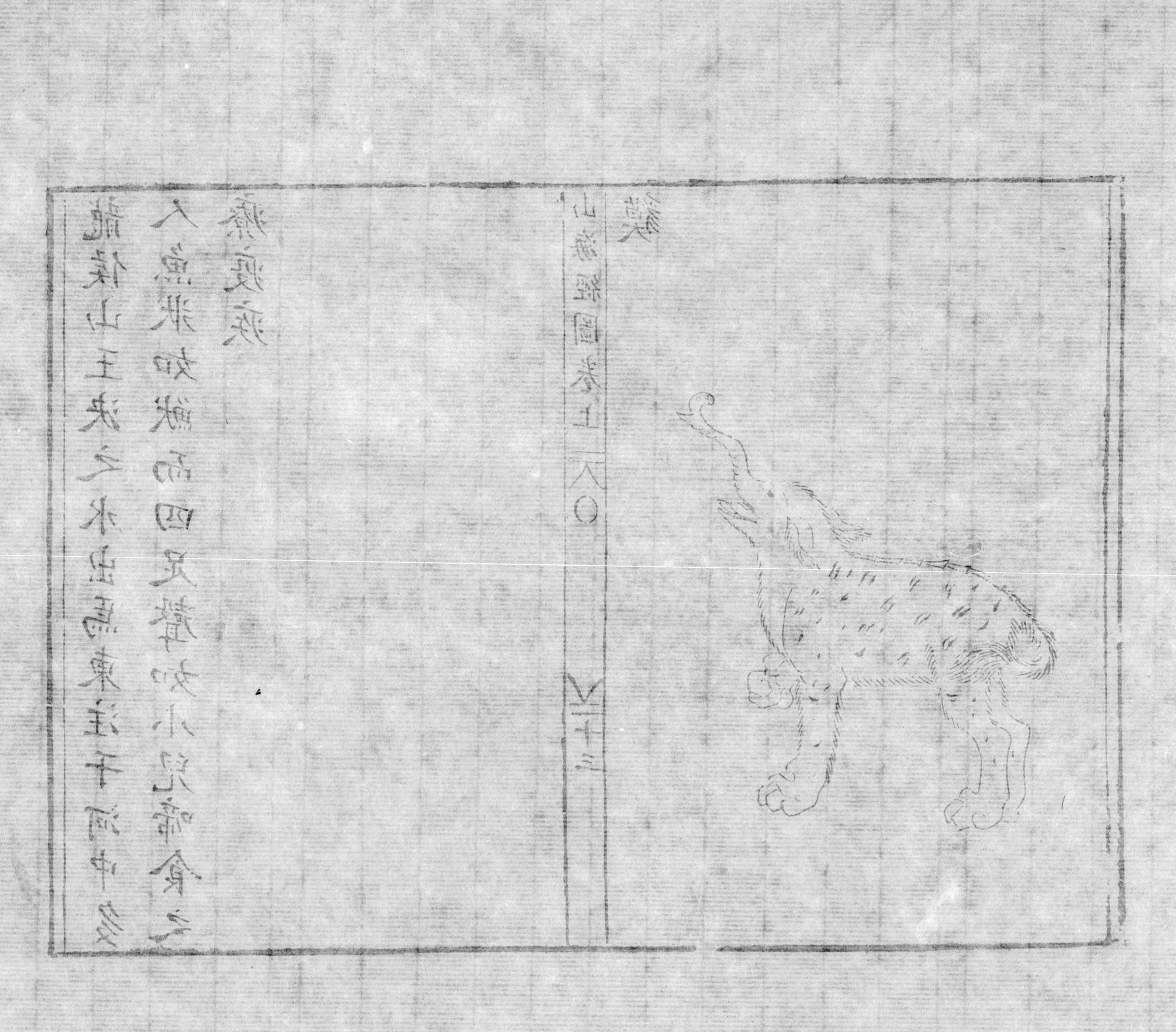

南方山谷中有獸名曰貘音陌象鼻犀目牛尾虎足身黃黑色人寢其皮辟瘟圖其形可辟邪舐食銅鐵不食他物

阿羅魚

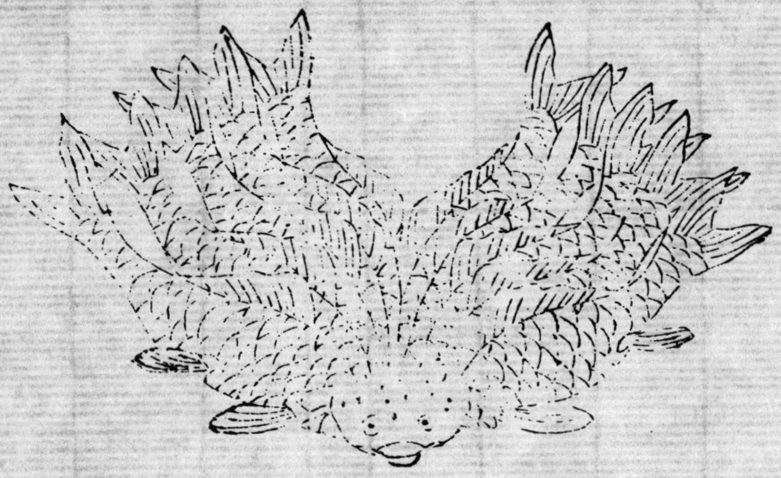

譙明之山譙水出焉注于河中多阿羅魚一首十身音如犬吠食之已癰亦可以禦火

猛槐

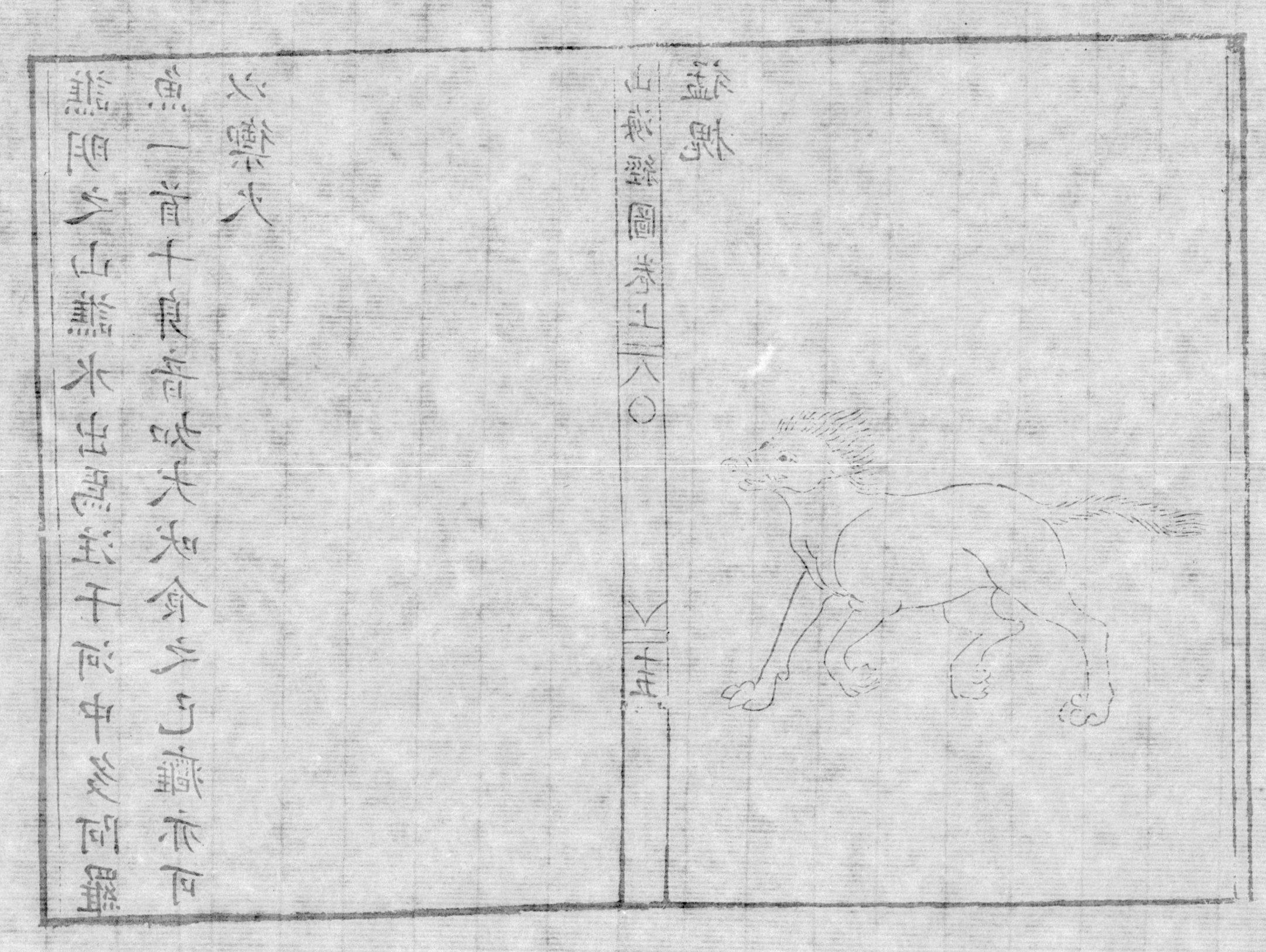

譙明之山有獸狀如貆音丸赤毫豪豬也其一聲如鼺音留鼠名曰猛槐圖之可以禦凶

鰼鰼魚

潒音象光山囂水出焉西注于河中多鰼鰼魚狀如鵲而十翼鱗在羽端其音亦如鵲可以禦火

鰼魚

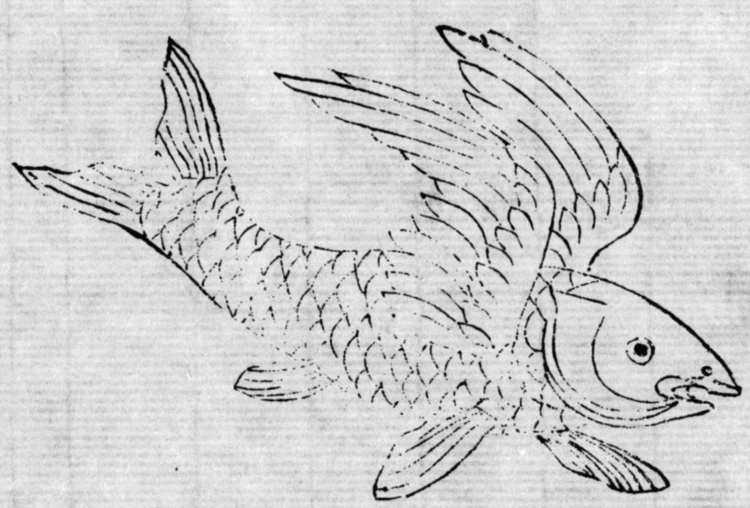

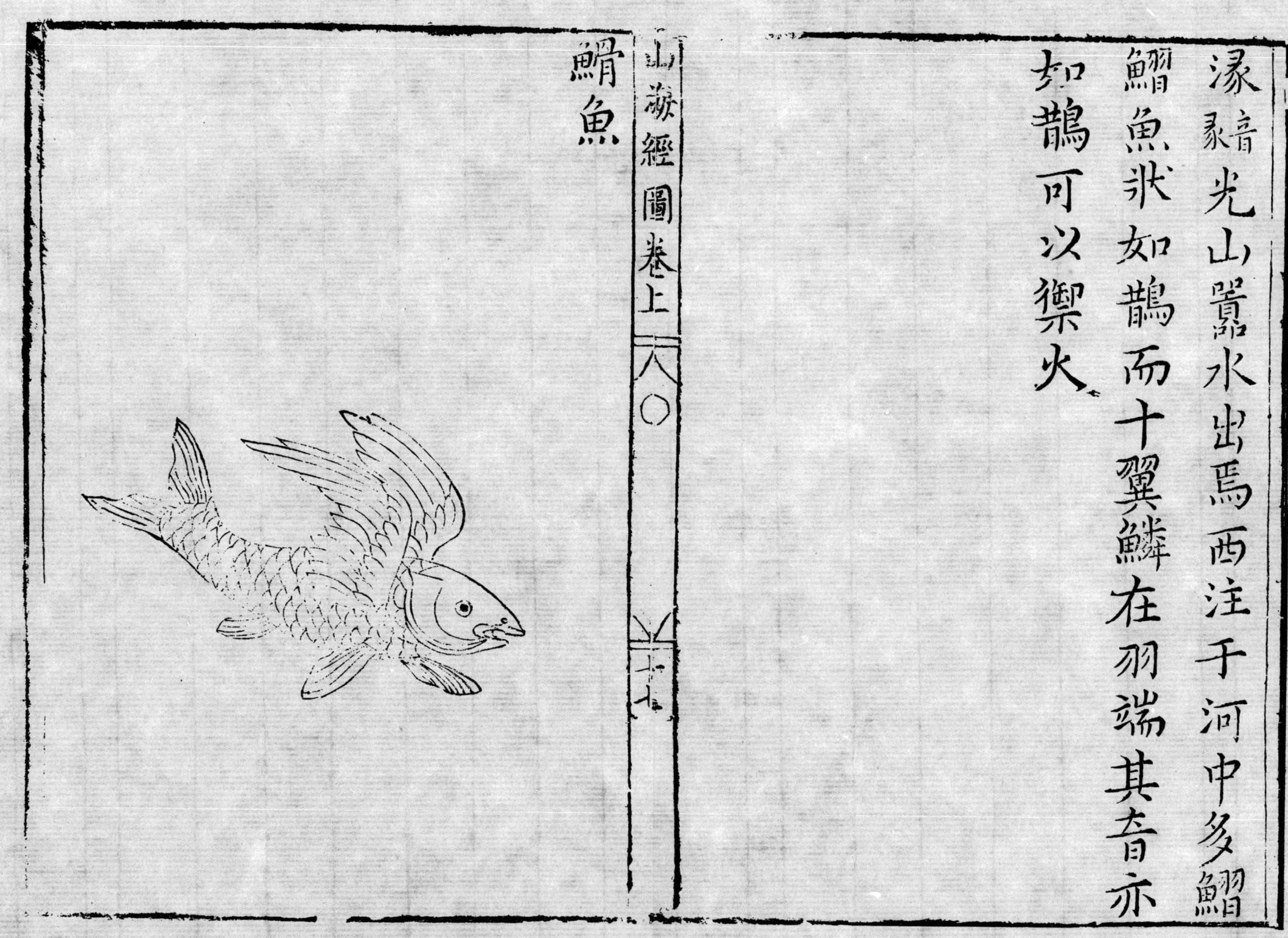

子桐山子桐之水中多鰨音滑魚狀如魚而鳥翼出入有光音如鴛鴦見則天下大旱

珠鼈

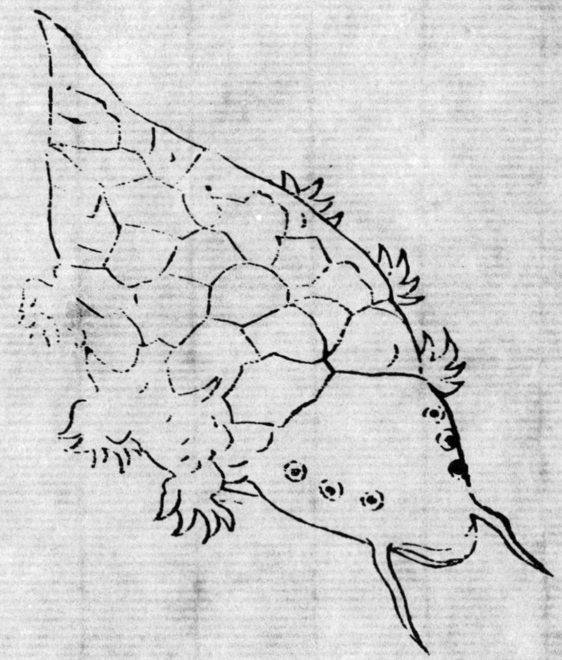

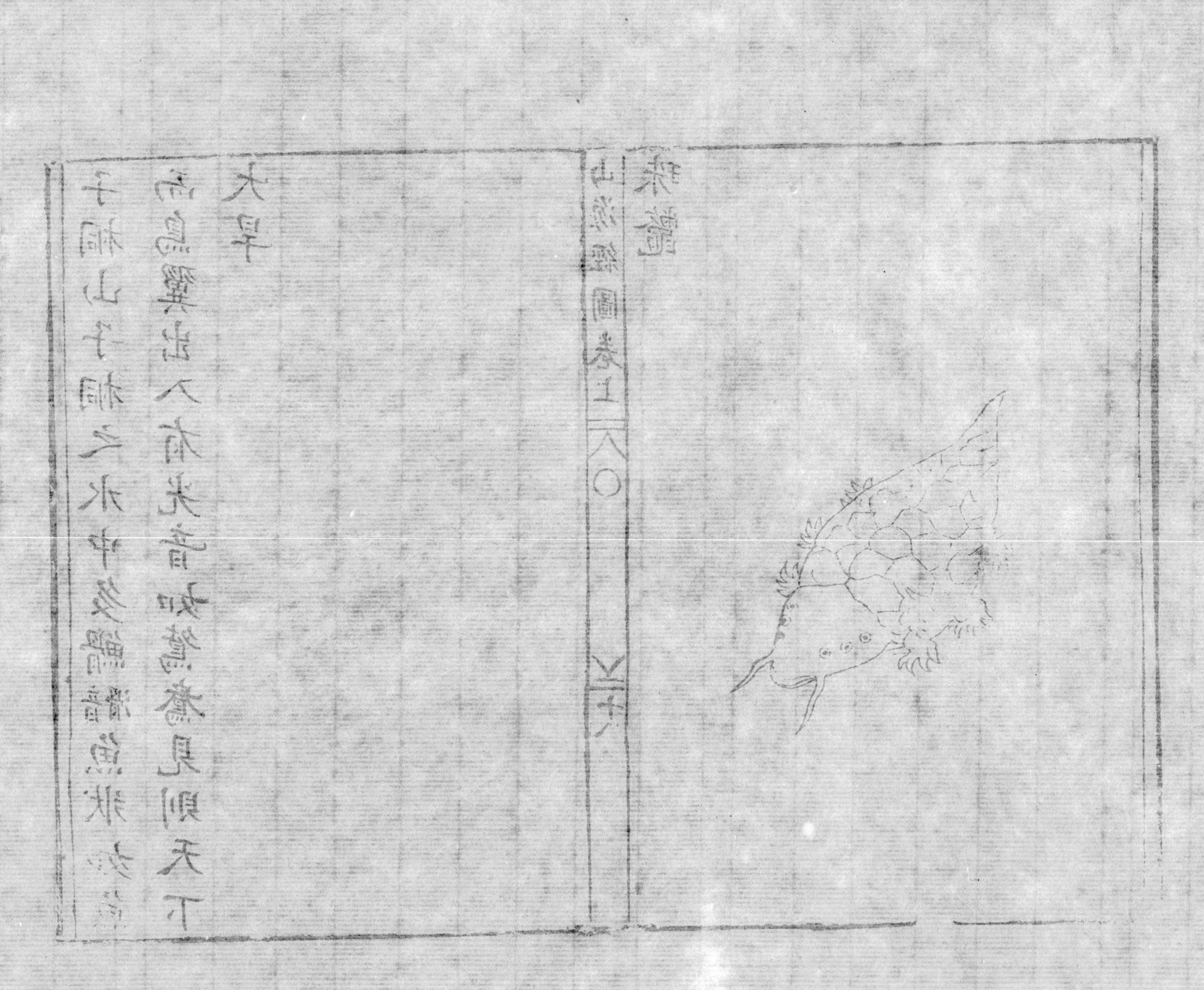

葛山澤中多珠鱉之魚其狀如肺六目六足腹内有珠其味甘酸食之可辟時氣病

莽魚

槐水之河有莽魚其形至大鼉首鱉身
是河内所出魚盡皆食之

鍾山神

鍾山之中有神名曰鼓其狀龍身而人面

天吳

朝陽谷有神曰天吴是為水伯虎身人面八首八足八尾青黄色

葱聾

符禺山有獸名曰葱聾狀如羊赤鬣而黑首

神陸

崑崙之丘有天帝之神曰神陸一名堅
吾其狀虎身人面九首司九域之事

騶虞

林氏國在海外有仁獸如虎五采尾長於身不食生物名曰騶虞乘之日行千里六韜云紂囚文王其臣閎夭求得此獸獻之紂大悅乃釋文王

⿰魚遺魚

西方蓐收金神也左耳有青蛇乘兩龍
面目有毛虎爪執鉞

玄豣

滲𤬚侯澤有玄貈與貉同音裯者穆天子傳曰天子獵於此澤得玄貈以祭河宗周禮曰貈踰汶則死此地氣使然也

水馬

求如山渭水出焉西注于諸毗之水中多水馬文臂牛尾周禮云馬累脊而班臂漢武帝元符四年燉煌渥洼水中出馬以為肇瑞是也

鯈魚

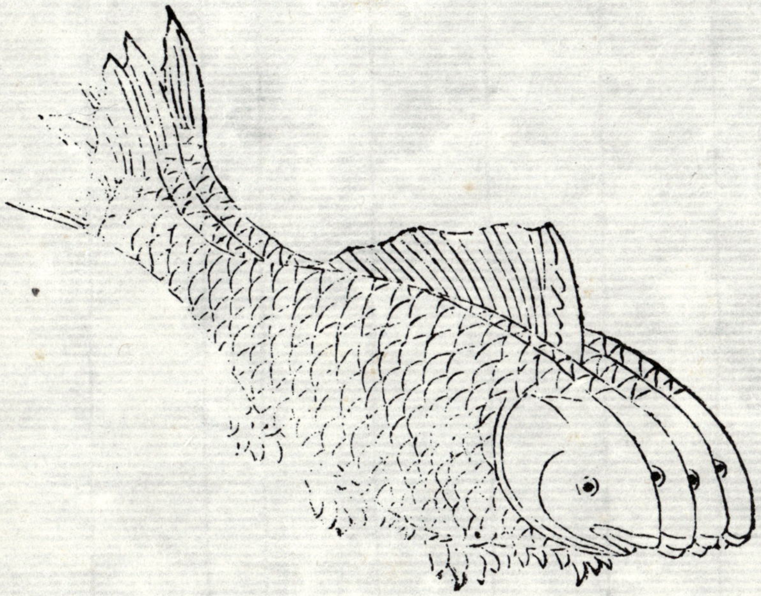

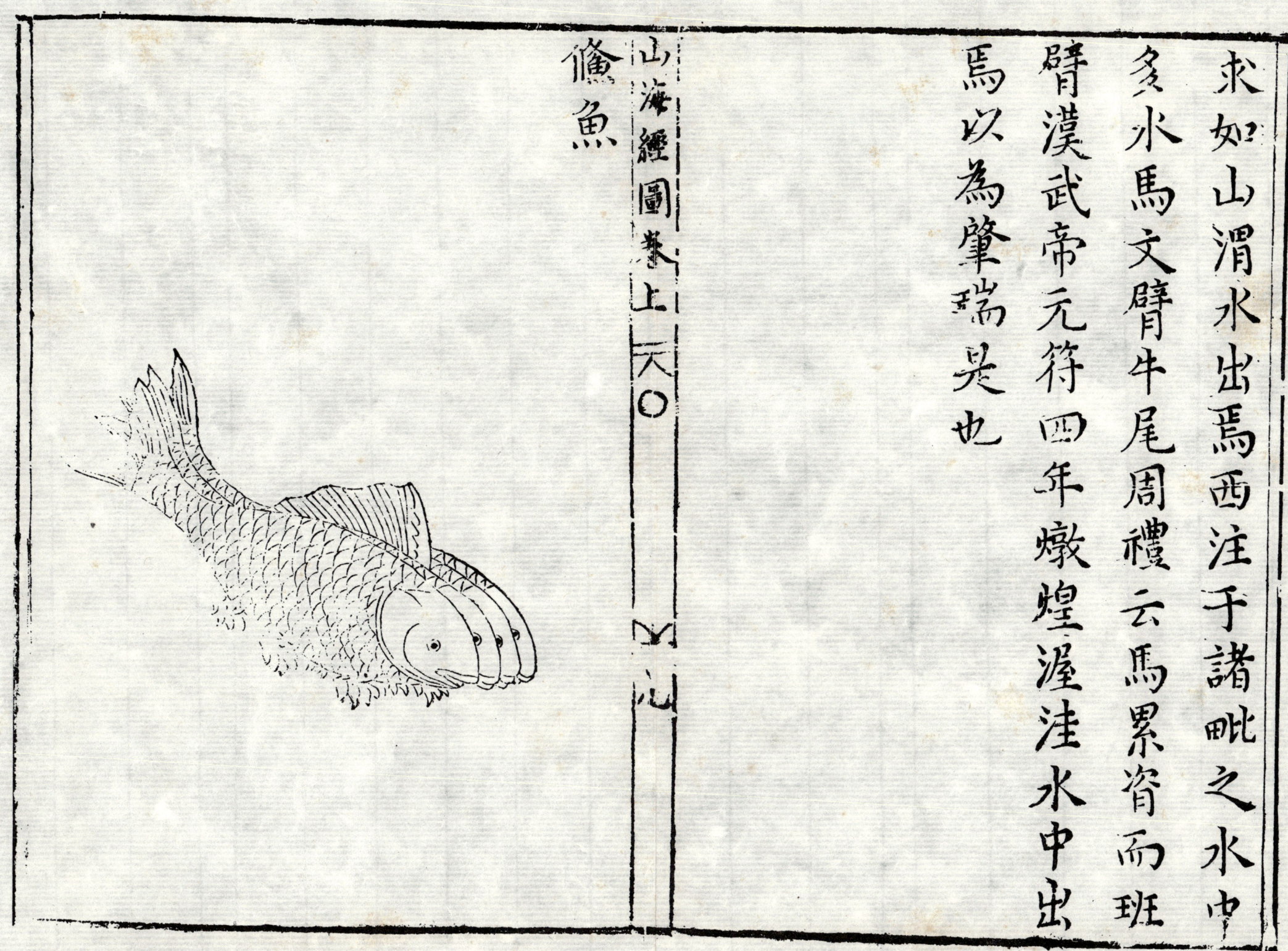

帶山彭水出焉而西流中多儵魚狀如鷄而赤色三尾六足四首音如鵲食之已憂可禦火

䑏踈

帶山有獸狀如馬首有角可以錯石名曰臛踈臛音桊

猛豹

南山有獸名曰猛犳似熊而毛彩有光澤其食銅鐵

貘

皐塗山有獸狀如白鹿前兩脚似人手
後兩脚似馬蹄四角名玃

鯥魚

抵山有魚狀如牛陸居蛇尾有翼在脅其音亦如牛聲名曰鯥音六冬死而夏生食之無腫疾

青蛇

屛山有青蛇大如山身長百餘丈

野獸無數

類

亶爰山有獸狀如貍有髮名之曰類自為牝牡食之而不妬

鴢

青要山有鳥名曰鴢狀如鳧青身赤尾
食之宜子孫

馬腸

蔓渠山有獸名馬腸其狀人面虎身音如嬰兒食人

黑狐

北山有黑狐者神獸也王者能致太平
則此獸見四夷來貢周成王時嘗有之

長彘

浮玉山有獸狀如猴四耳虎毛而牛尾
其音如犬吠名曰長彘食人見則大水

彘

郇山有獸狀如羊而無口黑色名曰䍺
音還
其性頑狠人不可殺其禀氣自然

白猿

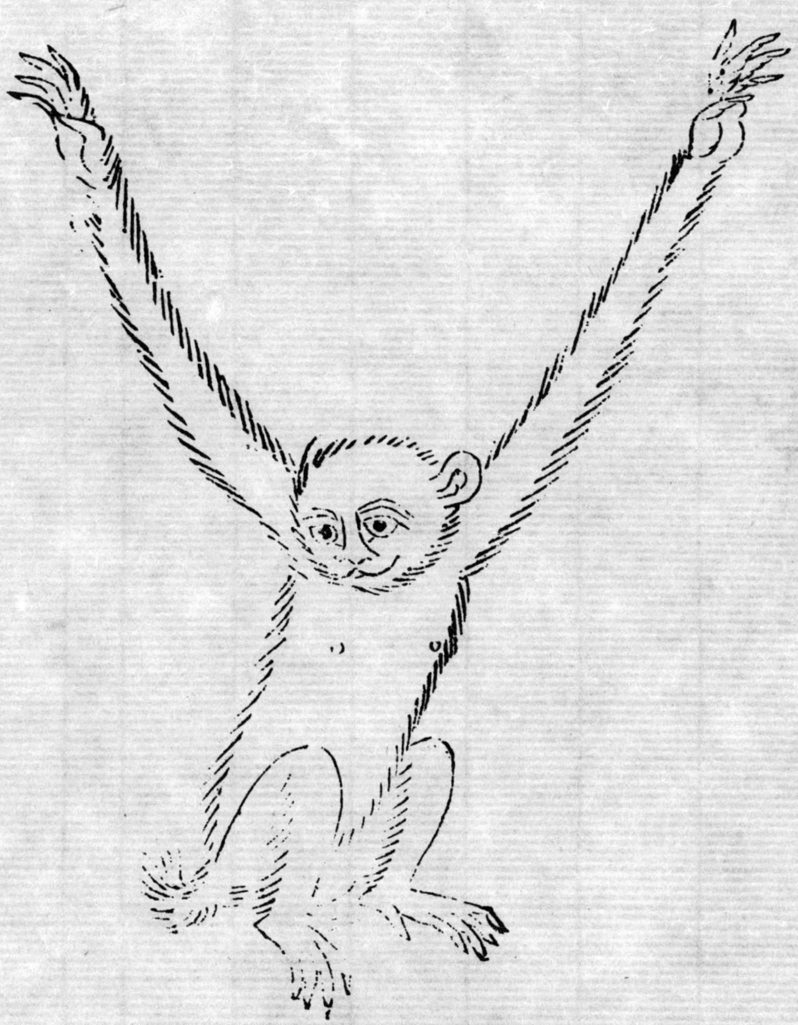

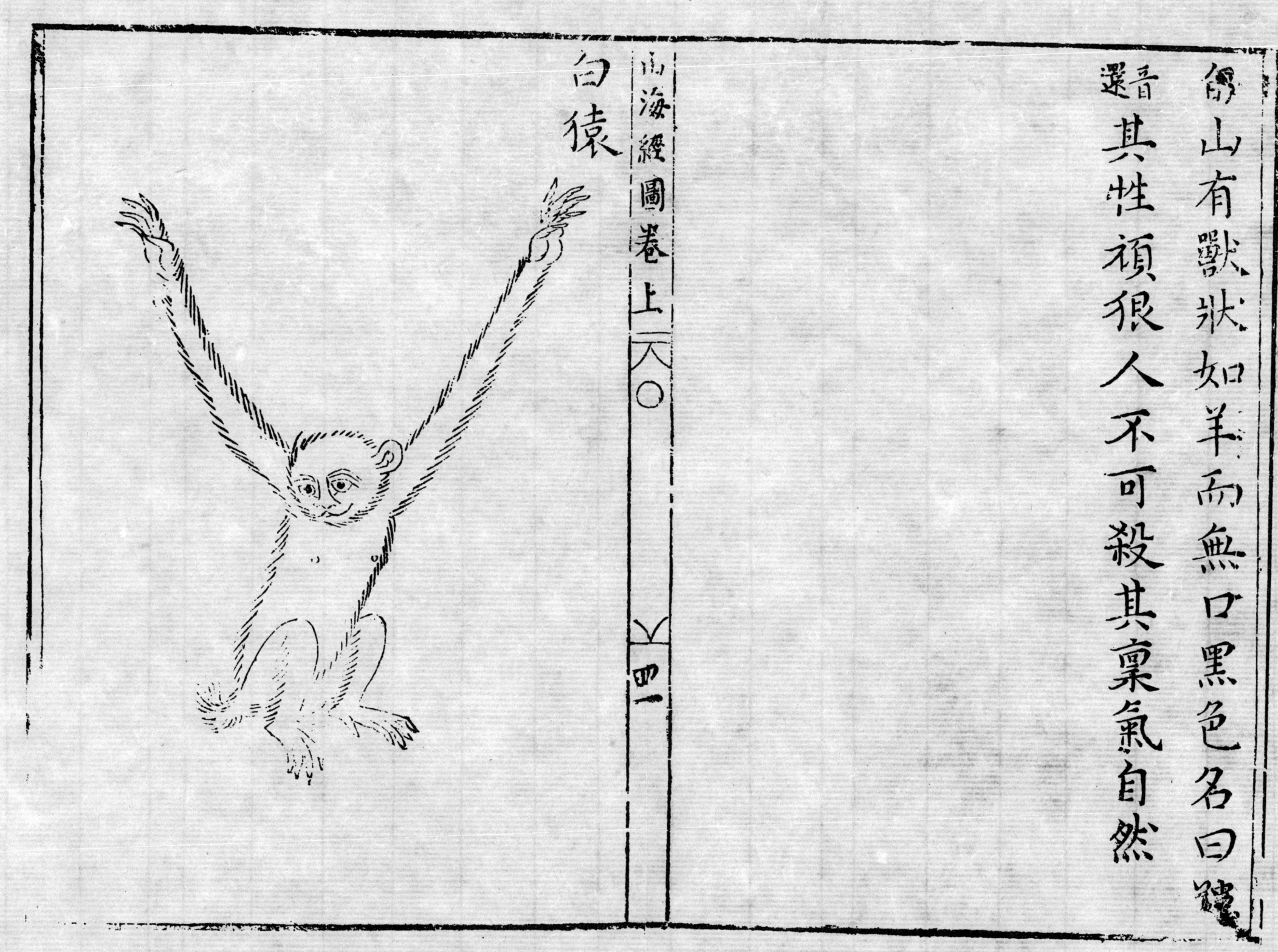

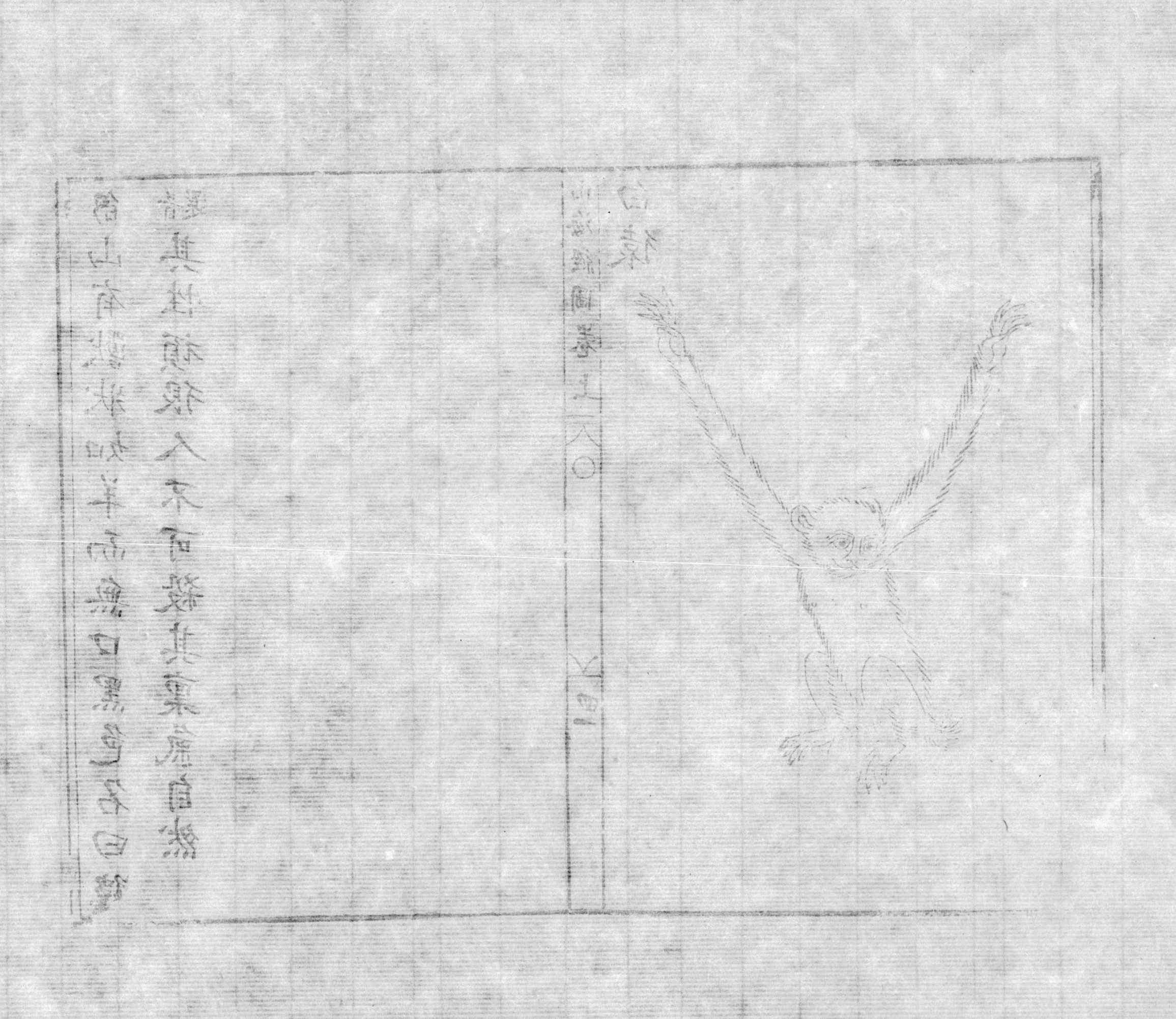

常庭山多白猿狀如獼猴而差大臂脚長捷善攀援樹木其聲哀

鹿蜀

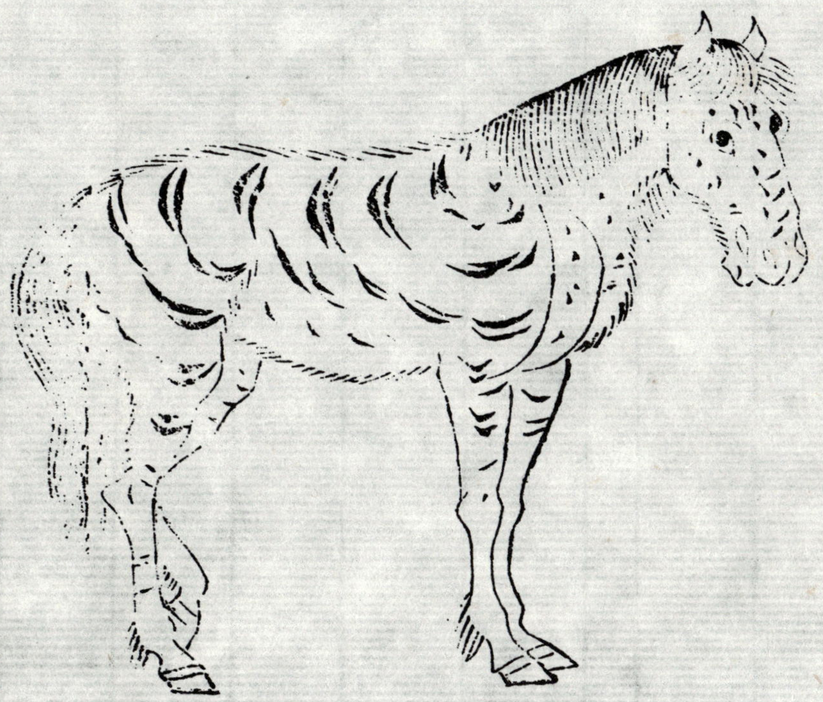

杻陽山有獸狀如馬白首虎文赤尾其
音如謡名曰鹿蜀人寢其皮則宜子孫

蘷

東海中有獸狀如牛蒼身無角一足出
入則有風雨其音如雷名曰夔黃帝得
之以其皮冒鼓復取其骨擊之似雷聲
聞五百里

兕

禱過山多兕狀如野牛青色一角長三
尺餘似馬鞍善觸身重千斤其皮堅厚
可以制鎧

駮

中曲山有獸狀如馬白身黑尾一角虎
足鋸牙音如振鼓能食虎豹名曰駮佩
之可以禦兵

世樂

臨海山有世樂鳥其狀五色丹喙赤首
有冠王者有明德天下太平則見

竊脂

崌山有鳥狀如鴞赤身白首名竊脂其觜曲可禦火

玄鶴

雷山有玄鶴者粹黑如漆其壽滿三百六十歲則色純黑王者以音樂之節則至昔黃帝習樂於崑崙山有玄鶴飛翔

蠻

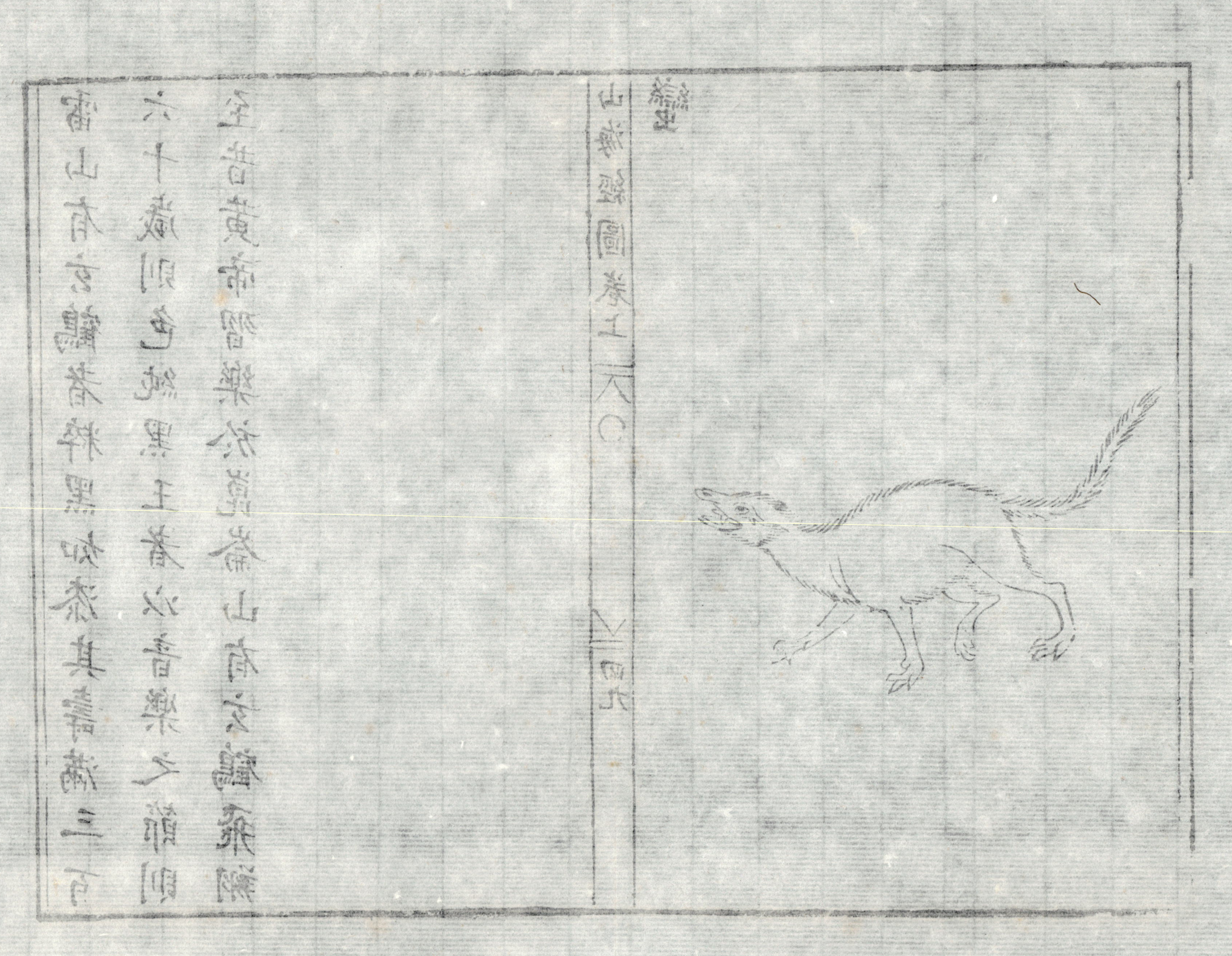

崗山洛水出焉北注河中有獸名曰蠻

其狀鼠身鼈首音如犬吠

猙

猙狀如赤豹五尾一角音如擊石

當庚

欽山中有獸狀如豚名曰當庚其鳴自呼見則天下大穰韓子曰穰歲之稔也

羬羊

華山有獸狀如羊馬尾名曰羬羊爾雅
云羊六尺為羬即此羊也脂可以治皵

毫猪

竹山有獸狀如豕白毛如簪而端黑名曰毫彘能以脊上毫射物

橐𩇯

大次山有鳥狀如梟而人面一足名曰橐𩇯冬出而夏蟄人以羽毛置諸衣中則不畏雷霆

青熊

青山中有青熊者周成王之時天下太平東夷之人屠何獻也

蝜蟦

陽山有神蛇名曰蜰音翡蟦一首兩身六足四翼見則其國大旱湯時見出

鳥鼠同穴

鳥鼠同穴山爾雅云其鳥為鵌音余其鼠為鼵音突其穴入地三四尺鼠在內鳥在外在今隴西首陽縣孔氏書傳云共為雌雄同穴而處

角獸

東山有一角獸者瑞獸也六合同歸下太平則此獸乃至也

辣

泰戲山有獸狀如羊一角一目目在耳後名曰辣其鳴自呼滹音乎沱之水出焉今滹江河出鴈門鹵城縣南是也此獸現時主國内禍起宮中大不祥也

飛鼠

天地山有獸狀如兔而鼠首以其背毛
飛飛即伸名曰飛鼠

龍馬

孟河出龍馬者仁馬也高八尺五寸長頸胳上有翼旁有垂毛蹈水不沒聖人能用人則天不愛道地不愛寶故河出龍馬焉

驒馬

歸山有獸狀如鷹音麥而四角馬尾有距名曰驒姑昆切善還言旋其鳴自呼

羕

彘狀如彘黃身白首白尾見則大風

獬豸

東望山有獬豸者神獸也堯前有之能
觸邪狀如羊一角四足王者獄訟平則
至御史臺故事云御史法冠一名獬豸
神羊也有一角楚王嘗獲之

應龍

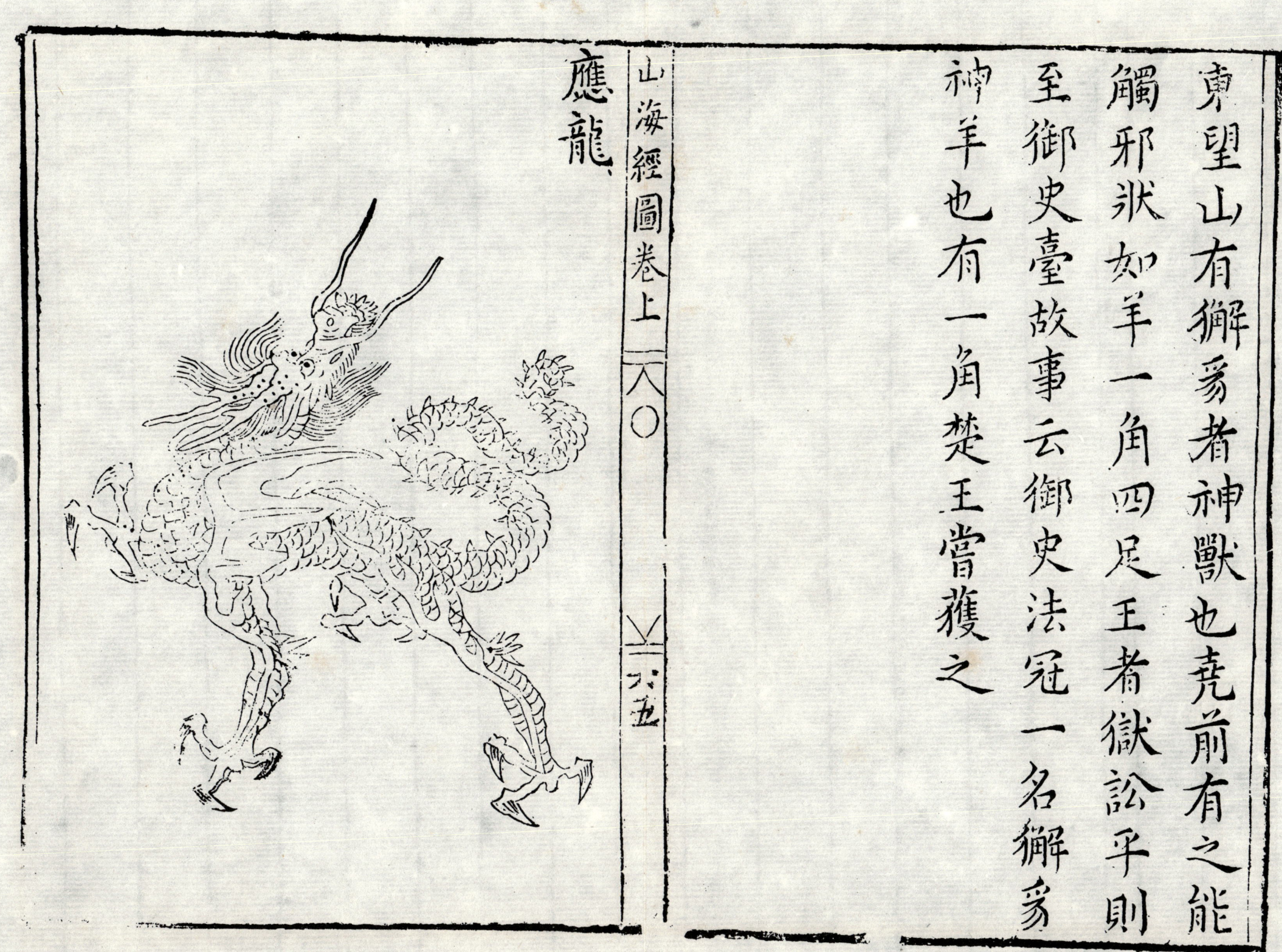

恭丘山有應龍者有翼龍也昔蚩尤禦黄帝帝令應龍攻于冀之野女媧之時乘畜車服應龍禹治水有應龍以尾畫地即水衛

旄馬

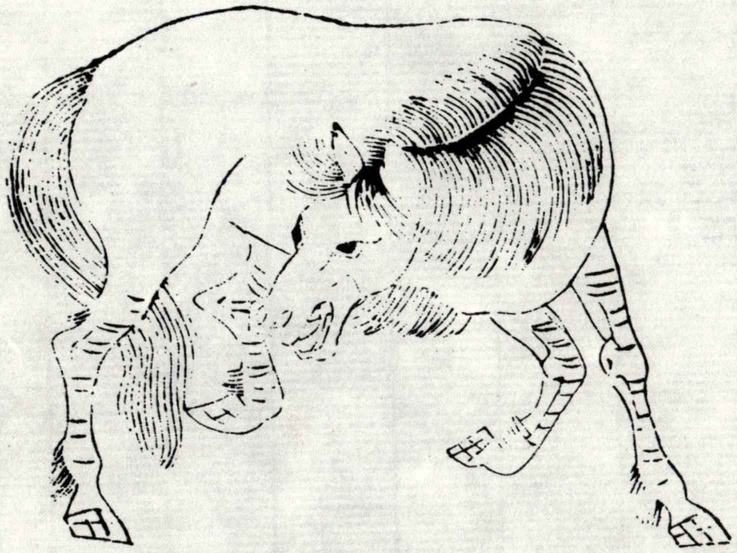

南海外有旄馬狀如馬而足有四節垂
毛即穆天子傳所謂毫馬也在巴蛇西
北高山之南

巴蛇

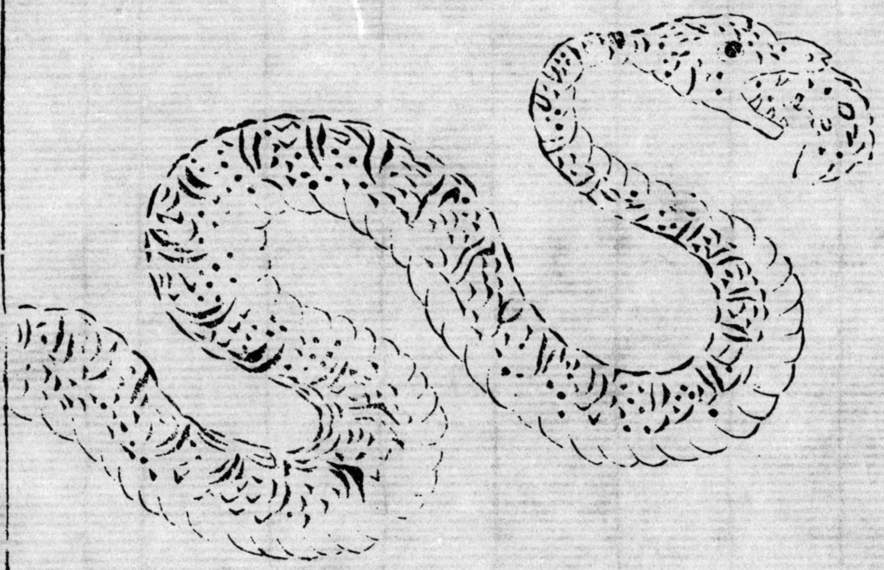

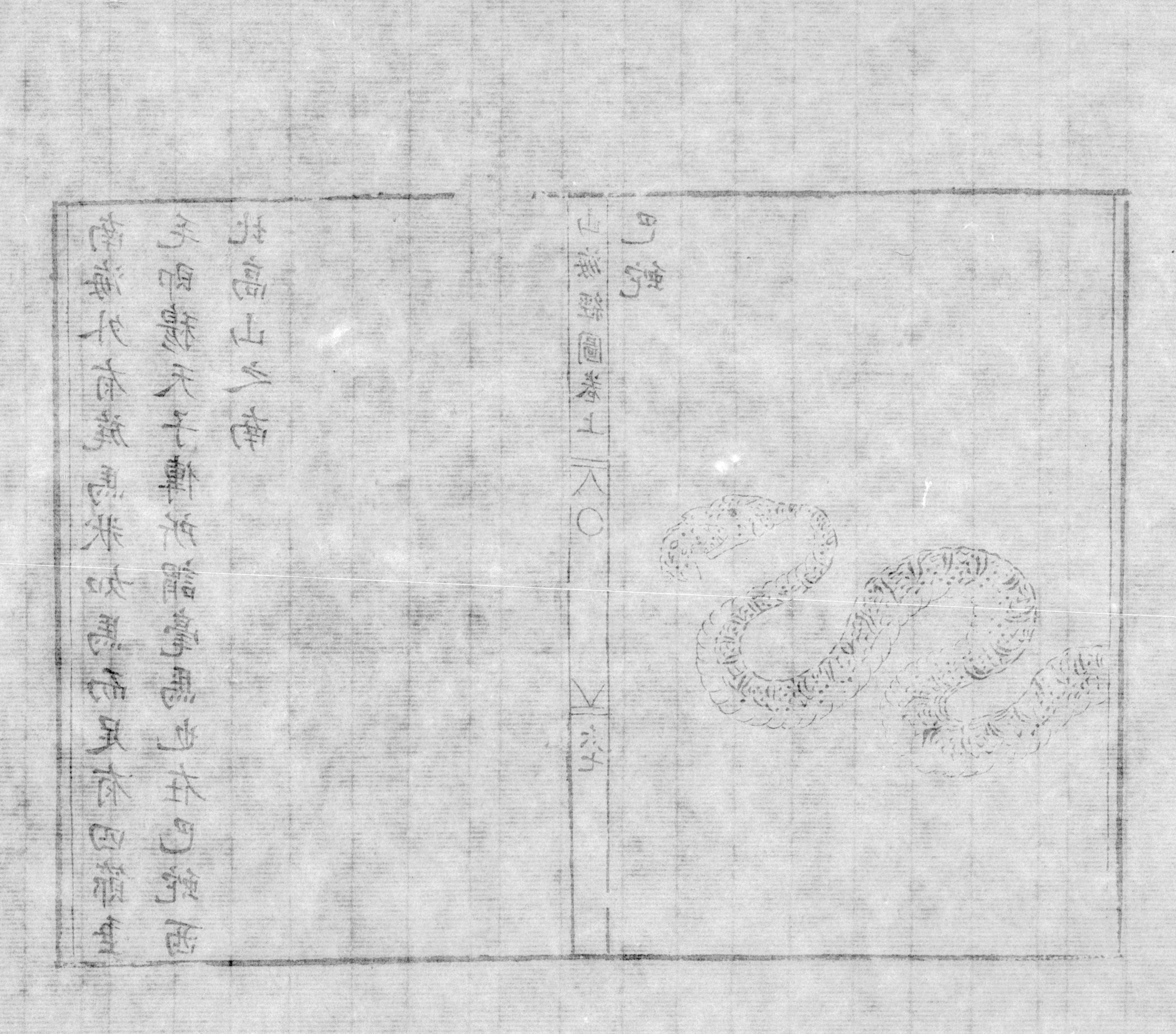

南海外有巴蛇身長百尋其色青黃赤黑食象三歲而出其骨今南方蚺如占切蛇亦吞鹿也肉爛則自絞於樹腹中骨皆穿鱗甲間出亦此之類也

蚌魚

英山愚水出焉其中多蚌魚狀如鼈而
魚尾二足其音如羊

長蛇

大咸山有蛇名曰長蛇錐手身長百尋
其聲如振鼓

二頭蛇

鳳山有蛇二首而四足專能食人

山渾

山獅

山海經圖卷十六○

鳳山在柜之南佐佐曰白氏柜山雞食人

獄法山有獸狀如大人面善躑見人則笑名曰山𤟤户昆切其行疾如風見則大風起